AF279268

Carlos Alfredo Schvab Sureda

APULEYO EDICIONES   FOMENTO DE VALORES   CUENTOS ILUSTRADOS

Las aventuras de un panda

Un cuento sobre lo inevitable

APULEYO EDICIONES   FOMENTO DE VALORES   CUENTOS ILUSTRADOS

A mis hijos **Nehuen y Aneley**,
que soportan estoicamente mi ausencia
y superan, día a día, los avatares de la
vida con gran sabiduría.

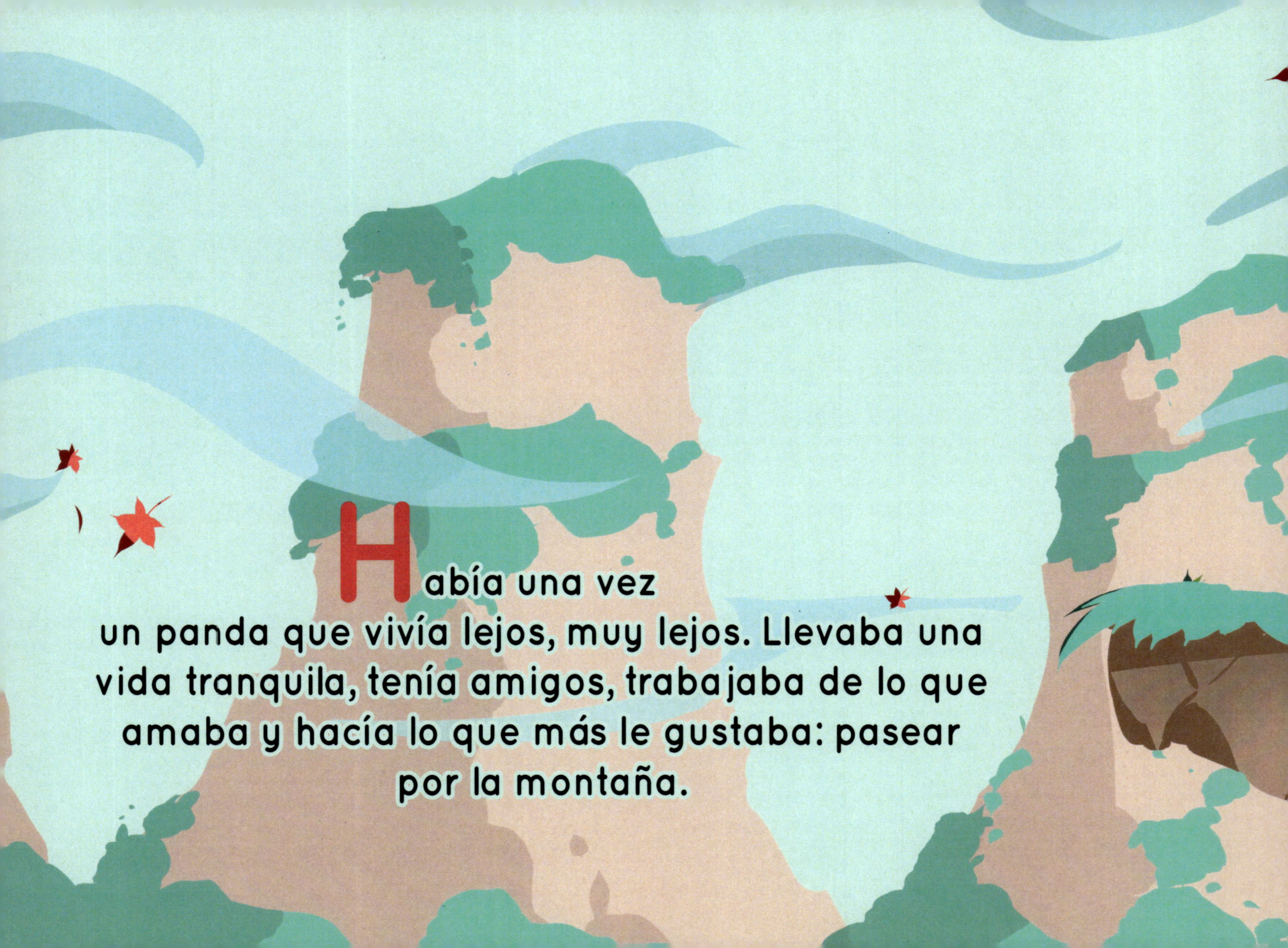
Había una vez
un panda que vivía lejos, muy lejos. Llevaba una
vida tranquila, tenía amigos, trabajaba de lo que
amaba y hacía lo que más le gustaba: pasear
por la montaña.

Un día se dio cuenta de que algo le faltaba, que no estaba del todo completo, pero, ¿qué era?

Estaba solo, no tenía a nadie, tan solo se tenía a sí mismo. Ya lo había aceptado y había aprendido a ser independiente. Pero...se dio cuenta de que lo que necesitaba era el amor.

Lo buscó por todas partes: debajo de las piedras, en la copa del árbol más alto, en la cueva más oscura, en las laderas de las montañas más heladas...Sin embargo, todo fue en vano.

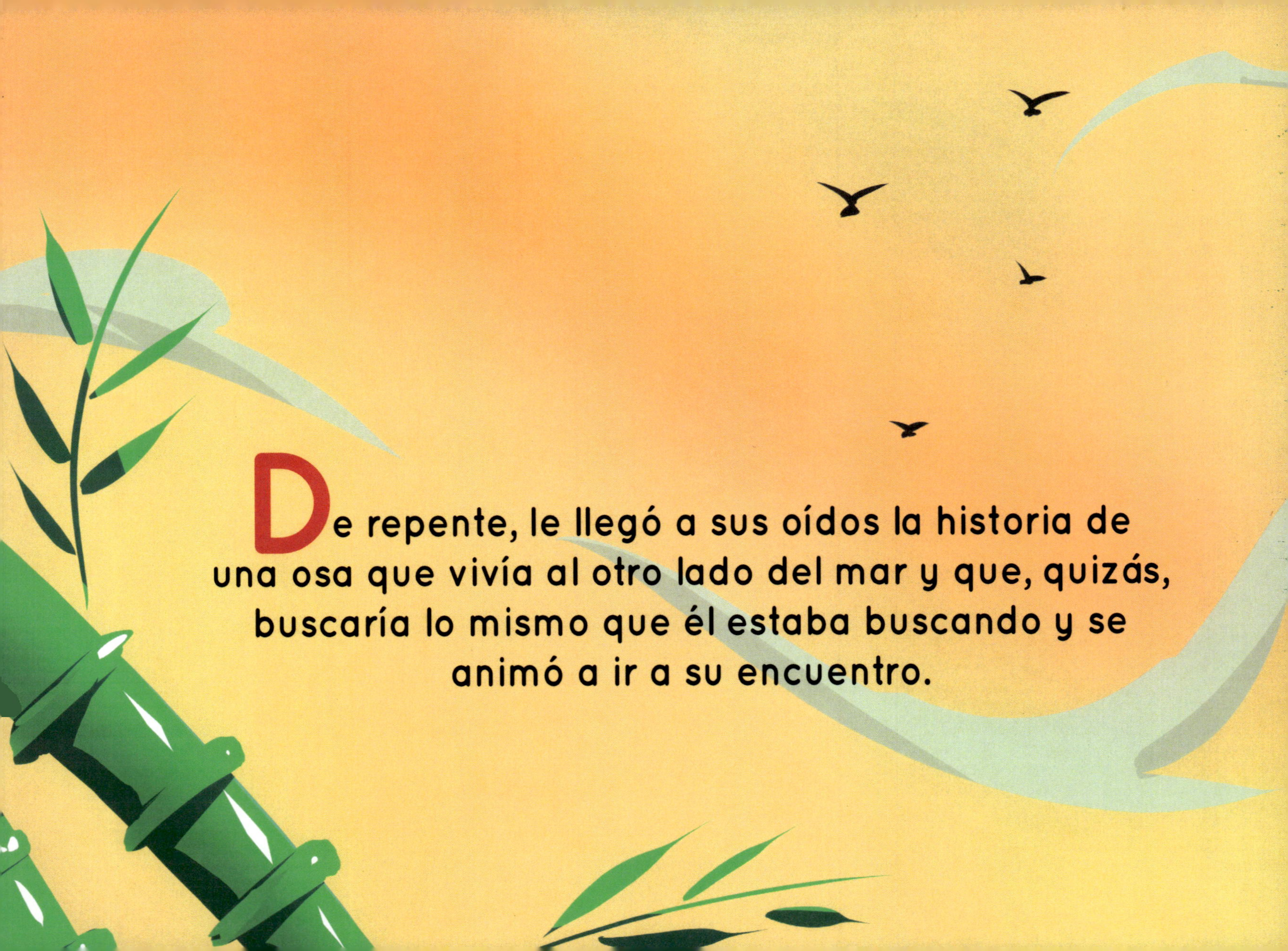
De repente, le llegó a sus oídos la historia de una osa que vivía al otro lado del mar y que, quizás, buscaría lo mismo que él estaba buscando y se animó a ir a su encuentro.

Pasó un año completo buscándola,
hasta que finalmente la encontró.
Entonces vio que era verdad, que ella
buscaba lo mismo y que tenían
esa misma necesidad.

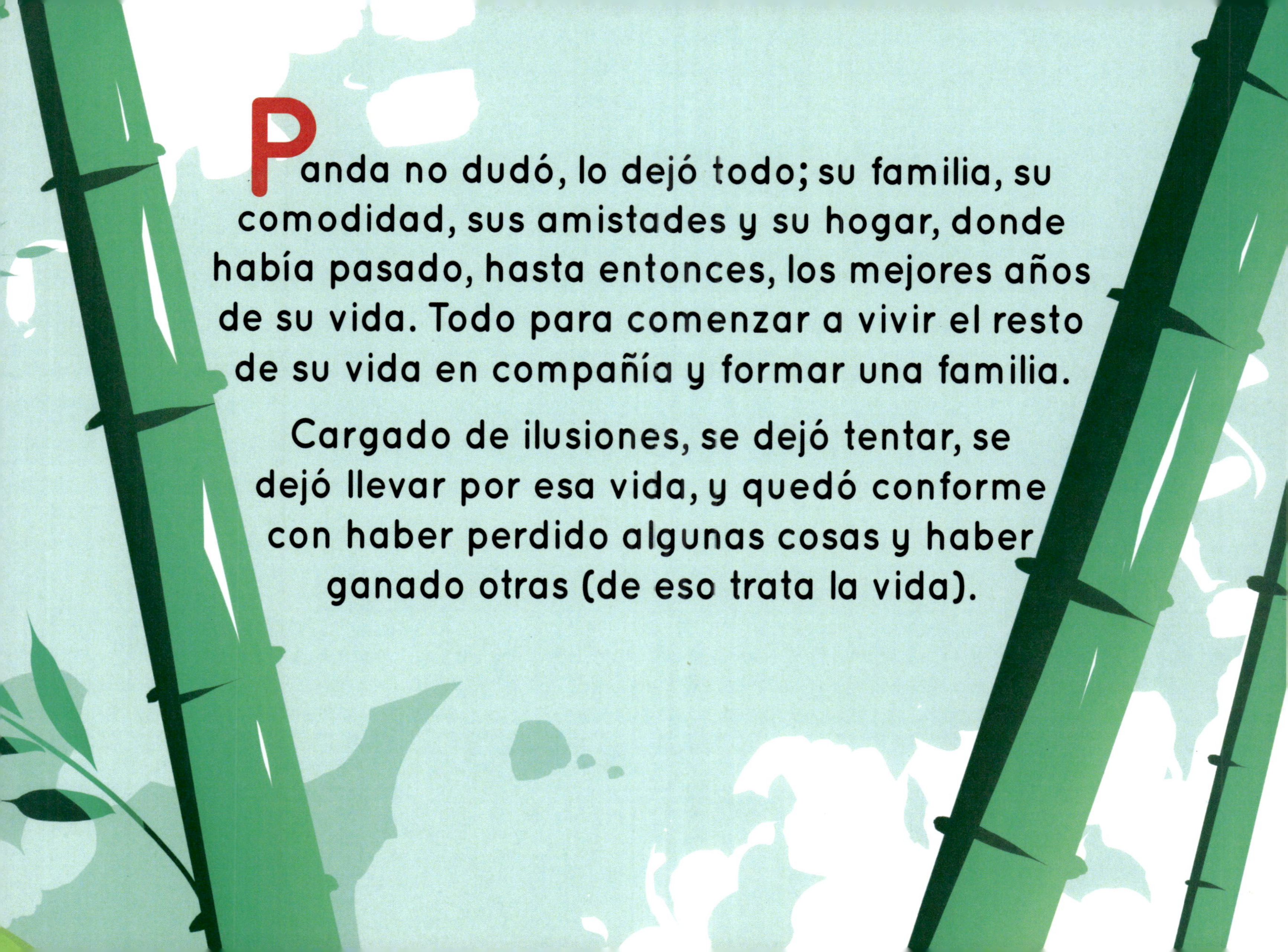

Panda no dudó, lo dejó todo; su familia, su comodidad, sus amistades y su hogar, donde había pasado, hasta entonces, los mejores años de su vida. Todo para comenzar a vivir el resto de su vida en compañía y formar una familia.

Cargado de ilusiones, se dejó tentar, se dejó llevar por esa vida, y quedó conforme con haber perdido algunas cosas y haber ganado otras (de eso trata la vida).

En ocasiones, las cosas parecían ir un poco
mal, había desacuerdos y debió renunciar a la
razón para tener felicidad. Sabía que vivir en
paz era más importante. Hasta que un día
dos oseznos llegaron a la vida del oso.
Dos pequeños ositos que llenaron
de alegría su corazón.

Al principio no entendió qué era eso del amor de padre, no sabía que se trataba de una semilla que estaba germinando, y esos dos pequeñines la habían regado al nacer.

No duró, no podía durar. "Eran tan puros", pensaba. Y, de repente, uno de los ositos, con su pequeña garra, tomó un dedo del oso, y fue ahí cuando se dio cuenta del lazo que los unía, del amor que los conectaba. Y sonrió y besó su garrita y supo que era para siempre, un beso eterno.

Los había buscado, los necesitaba y no se había percatado de cuánto. Eran su motivo, aunque la vida muchas veces da reveses y el oso comenzó a desmejorar. Encontró su motivo de vivir, nada lo podía parar, ni forajidos podrían con él, gracias al amor que sentía por sus ositos.

Ellos crecían y el oso les enseñaba
a ser independientes, más que nada, porque
sabía que su enfermedad se agravaba y
quería dejar buenas herramientas a sus hijos.
Les enseñó a ser respetuosos, a ser amables
y a saber defenderse con la palabra para que
evitasen peleas innecesarias.

Él sabía que se deterioraba y no le quedaba mucho tiempo. Deseaba decirles muchas cosas: que con una sonrisa se llega más lejos; que, ante cualquier revés de la vida, también hay una solución; que jamás dejen de soñar ni cumplir sus sueños; que son su orgullo, por lo que aprendieron a ser; que se cuiden mutuamente; y que las cosas que se hacen de corazón, no siempre son agradecidas en el momento, muchas veces recibirán las gracias más tardes; que nunca dejen de rezar, Dios los cobijará y los guiará; que las cosas materiales no siempre son el verdadero motivo de la felicidad.

El panda murió, pero su esencia quedó.
Vive un poquito en cada osito, y una estrella
brilla en el cielo solo para ellos.

Fin